글 신동경

춘천에서 태어났습니다. 서울대학교 독어교육과를 졸업하고 한신대학교 신학대학원에서 공부했습니다. 출판사에서 어린이책 편집자로 일하며 과학 그림책과 자연 생태 그림책을 여러 권 만들었습니다. 지금은 과학책을 읽으며 느낀 즐거움과 감동을 어린이들에게 전하는 글을 쓰며 지냅니다. 쓴 책으로 《공정 무역, 행복한 카카오 농장 이야기》, 《물은 어디서 왔을까?》, 《찌릿찌릿 전자랑 달려 봐》, 《공룡 X를 찾아라》, 《여름이의 개울 관찰 일기》 들이 있습니다.

그림 이명애

대학에서 동양화를 공부하고, 일러스트레이터로 활동하고 있습니다. 쓰고 그린 그림책으로 《10초》, 《플라스틱 섬》이 있고, 《산타 할아버지가 우리 할아버지라면》, 《우리 동네 택견 사부》, 《알류샨의 마법》 들에 그림을 그렸습니다. 볼로냐 올해의 일러스트레이터 2회, 나미 콩쿠르 은상 2회 선정되었고, BIB 황금패상 등을 받았습니다.

나는 과학 ❶ 나는 138억 살

초판 1쇄 발행 2018년 11월 30일 | **초판 2쇄 발행** 2020년 2월 10일
글쓴이 신동경 | **그린이** 이명애
펴낸이 홍석 | **전무** 김명희 | **편집부장** 이정은 | **편집** 차정민 · 이은경 | **디자인** 이아진 | **마케팅** 홍성우 · 이가은 · 이송희 | **관리** 김정선 · 정원경 · 최우리
펴낸곳 도서출판 풀빛 | **등록** 1979년 3월 6일 제8-214호 | **주소** 서울특별시 서대문구 북아현로 11가길 12 3층 (북아현동, 한일빌딩)
전화 02-363-5995(영업) 02-362-8900(편집) | **팩스** 02-393-3858 | **전자우편** kids@pulbit.co.kr | **홈페이지** www.pulbit.co.kr
ⓒ 신동경, 이명애, 2018

ISBN 979-11-6172-098-2
ISBN 979-11-6172-097-5(세트)

이 책의 중앙도서관 출판예정도서목록(CIP)은 서지정보유통지원시스템홈페이지(http://seoji.nl.go.kr)와
국가자료공동목록시스템(http://nl.go.kr/kolisnet)에서 이용하실 수 있습니다.(CIP 제어번호 : CIP2018036761)

* 이 도서는 한국출판문화산업진흥원 2018년 우수출판콘텐츠 제작 지원 사업 선정작입니다.
* 파본이나 잘못된 책은 구입하신 곳에서 바꿔드립니다.

제품명 아동 도서 | **제조년월** 2020년 2월 10일 | **사용연령** 7세 이상
제조자명 도서출판 풀빛 | **제조국명** 대한민국 | **전화번호** 02-363-5995
주소 서울 서대문구 북아현로 11가길 12 3층 (북아현동, 한일빌딩)
KC마크는 이 제품이 공통안전기준에 적합하였음을 의미합니다.
⚠ 종이에 베이거나 긁히지않도록 조심하세요. 책 모서리가 날카로우니 던지거나 떨어뜨리지 마세요.

나는 138억 살

신동경 글 | 이명애 그림

풀빛

나의 시작은 아주 작은 점.
그 안에 우주 만물이 될 모든 것이 들어 있었어.
나는 아직 아무 형체도 없었어.
그래서 이름도 없었지.

138억 년 전,
작은 점이 폭발했어. 드디어 우주가 생기기 시작한 거야.
가장 작은 내 친구들은 그때 만들어졌어.
그로부터 몇억 년이 지났을 무렵 하늘에 별들이 반짝이기 시작했어.
우리 태양보다 몇십 배, 몇백 배나 큰 별들이었어.
가장 작은 내 친구들이 모이고 모여 별이 된 거였지.
상상할 수 없을 만큼 뜨겁고 밝은 별에서 나와 또 다른 친구들이 만들어졌어.
그리고 또 몇백만 년이 지났을 때 일이야.

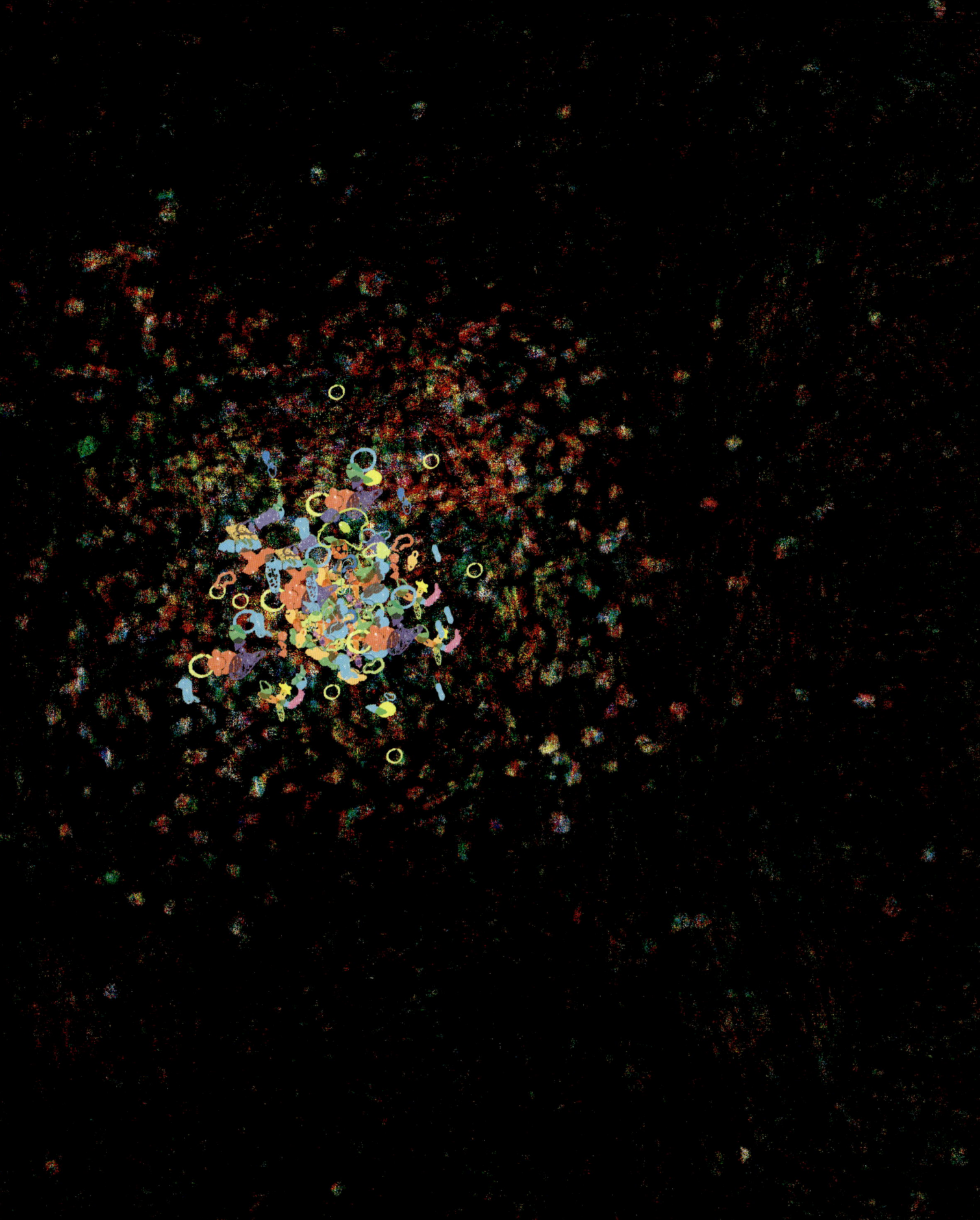

번쩍!
우리가 태어난 별이 엄청나게 밝은 빛을 내며 폭발했어.
더는 태울 연료가 없는 별이 죽을 때 이런 일이 일어나.
나와 친구들은 우주 공간으로 흩어져 먼지처럼 구름처럼 떠돌았어.

우리는 원자라고 불리는 작은 알갱이야.
우리한테는 철, 금, 산소, 수소 같은 이름이 있어.
나는 탄소야.
우리 원자들은 장난감 블록과 같아.
똑같은 블록으로 강아지도 만들고 기차도 만들 수 있는 것처럼
우리는 제각기 때로는 서로 붙어서 세상 모든 것이 되지.
너무 작아서 보이지 않지만 세상 모든 것이 원자로 이루어져 있어.

46억 년 전,
우주를 떠돌던 나와 친구들은 소용돌이치며 한곳에 모이기 시작했어.
이 세상 모든 것들이 서로를 끌어당기는 힘, 바로 중력 덕분이었지.
우리는 그렇게 모이고 모여 지구가 되었어.
어떤 친구들은 단단한 바위가 되고
어떤 친구들은 흐르는 물이 되고
어떤 친구들은 바람을 일으키는 공기가 되었어.
난 땅속 깊은 곳에 얌전히 자리를 잡았어.
새로 생긴 지구는 지금 모습과는 아주 달랐어.
화산은 끝도 없이 불을 뿜었고 우주에서 날아온
커다란 돌덩이들이 쉬지 않고 떨어졌지.

38억 년 전.
마침내 지구가 잠잠해지고 얼마 지나지 않았을 때,
꼬물꼬물!
잠잠해진 지구에 아주 특별한 녀석이 나타났어.
제힘으로 움직이고 저를 닮은 자손을 스스로 만들어 내는 신기한 녀석이었지.
바로 지구에 생명체가 나타난 거야.
물론 지구의 첫 생명체도 원자로 이루어졌어.

그러더니 점점 더 많은 생명체가 나타났어.
머리카락처럼 가는 털을 움직여 바다에서 헤엄치는 녀석.
수십 개의 다리로 재빨리 헤엄치는 녀석.
바닷물을 삼켰다가 토해 내며 로켓처럼 헤엄치는 녀석.
이렇게 갖가지 생명체들이 처음에는 물에서 살다가
나중에는 땅까지 올라와 살았어.
그러는 동안 난 지구 속으로 더 깊이 가라앉았어.
지구 속 깊은 곳이 어찌나 뜨거운지
바위마저 흐물흐물 녹아서 이리저리 돌아다녔어.

서걱서걱!
트리케라톱스가 새잎을 날름 삼킬 때
나도 그 녀석의 위 속으로 들어갔지.
그러고는 혈관을 타고 돌다가
목에 자리를 잡았어.

덥석!
무시무시한 티라노사우루스가
트리케라톱스의 목을 물어뜯었어.
그때 나도 티라노사우루스의 몸으로 들어갔어.
그리고 얼마 뒤, 그 녀석의 턱에서
새로 자라난 이빨이 되었지.

티라노사우루스가 하드로사우루스의 목덜미를 물려는 순간,
우주에서 날아온 바위가 지구와 충돌했어.
땅이 흔들리고 숲은 뜨거운 불길에 휩싸였지.
티라노사우루스도 무사하지 못했어.
그때 난 다시 공기 속으로 섞여 들었어.

난 그 뒤로도 여행을 이어 갔어.
바닷물에 녹아들기도 하고
공룡에서 진화한 새의 날개가 되기도 했어.
그렇게 시간이 흘러 400만 년 전,
네 발로 걷던 유인원이 처음으로 두 발로 섰을 때
난 그의 눈에 있었어.
사람의 첫 조상이 지구에 등장했을 때
내가 거기 있었던 거야.

5만 년 전.
쓰윽쓰윽.
한 아이가 동굴 벽에 들소를 그렸어.
그때도 난 거기에 있었지.
그 아이가 손에 든 타다 만 나뭇가지에 말이야.
아이는 한 줄 한 줄 그을 때마다 정성껏 빌었어.
동굴 식구들이 굶지 않도록 들소를 잡게 해 달라고.
너의 먼 조상은 그렇게 살았어.

100년 전.
뚱땅뚱땅.
힘차게 쇳덩이를 두들기는 대장장이의 팔뚝,
거기에 내가 있었지.
대장장이는 바로 네 할아버지의 할아버지였어.
솜씨가 좋아 날렵한 호미며 괭이를 뚝딱뚝딱 잘도 만들어 내던
대장장이가 바로 너의 할아버지의 할아버지였지.

응애응애!
네가 태어나던 날,
난 네 엄마한테서 너에게로 옮겨 갔어.
그날 넌 처음으로 세상에 나왔지만
작고 예쁜 너의 몸을 이룬 수없이 많은 원자들은
138억 년 전부터 생겨나기 시작했어.
그리고 나처럼 긴긴 여행을 하고 나서야 네가 되었지.
그날 너는 막 한 살이 되었지만 네 몸은 138억 살이었던 거야.

네가 태어난 날부터 지금까지
넌 날마다 원자들을 받아들였어.
아삭, 사과를 한 입 베어 물 때마다
소리 없이 공기를 들이마실 때마다
138억 살짜리 원자들이 너에게로 들어와 너의 몸이 되었지.
그렇게 해서 네 몸이 점점 커진 거야.

후!
방금 네가 숨을 내쉴 때 난 네 몸을 빠져나왔어.
끄응!
네가 시원하게 똥을 눌 때
네가 눈가에 붙은 눈곱을 떼어 낼 때
네가 길게 자란 손톱과 발톱을 잘라 낼 때도
원자들이 네 몸을 떠났어.

그리고 어느 날,
이 세상 모든 생명체가 그런 것처럼 너의 생명이 다하고 나면
너의 몸을 이루었던 원자들은 뿔뿔이 흩어져 새로운 것이 될 거야.
어떤 원자는 하늘을 나는 매의 날개가 되고
어떤 원자는 하늘 높은 줄 모르고 자라난 키 큰 나무의 줄기가 되고
또 어떤 원자는 아름답게 헤엄치는 돌고래의 지느러미가 되고
또 어떤 원자는 먹잇감을 노려보는 호랑이의 눈이 되겠지.

138억 년 전,
작고 작은 한 점에서 시작된 우주는
끝없이 넓어지고 있어.
그 끝없이 넓은 우주 속에서 쉬지 않고
새로운 것들이 만들어지고 있지.
바로 그 엄청난 일 한가운데에 네가 있는 거야.

138억 년 동안의 긴 여행

이 책은 아주 긴 시간 속에 놓여 있는 '나'에 대한 이야기입니다.

138억 년이나 되는 우주의 나이에 비하면 인간이 사는 100년은 너무나 짧습니다. 우주의 역사에서 한 인간이 사는 기간이 차지하는 건 불과 0.0000007%밖에 되지 않습니다. 정말 보잘것없습니다. 누군가 우주의 역사를 기록한다면 개인의 삶은 점 하나도 차지하지 못할 것입니다. 하지만 관점을 바꾸면 다르게 보입니다. 바로 우리의 몸을 구성하는 물질이 어디서 왔는지 들여다보는 거지요.

참 믿기 힘든 말이지만, 138억 년 전 우주가 처음 시작될 때, 지금의 우주가 될 모든 것이 한 점에 모여 있었습니다. 그 점은 크기도 없었고, 아예 공간이 없었으니 위치도 없었습니다. 결국 우주가 될 모든 것이 한 점에 모여 있었다는 건 아무것도 없었다는 것과 마찬가지입니다.

그 점이 폭발하면서 우주가 시작되었습니다. 그걸 빅뱅이라고 하지요. 빅뱅 이후 우주는 빠르게 팽창합니다. 그때 처음으로 생긴 원자들이 수소, 헬륨 같은 가벼운 원자들입니다. 우리가 알고 있는 산소, 탄소, 철 같은 무거운 원자들은 없었습니다. 이런 원자들은 작은 원자들의 핵이 몇 차례 융합을 해야 생기는데, 그 일은 빅뱅 이후 몇억 년 뒤에야 생겨난 큰 별에서나 가능한 일이었지요.

별의 뜨거운 열기와 엄청난 압력 속에서 생긴 원자들은 별이 죽어 폭발할 때 우주 공간으로 흩어집니다. 그렇게 흩어진 원자들이 다시 모여 다른 별이 되고, 또는 그 별을 도는 행성이 되는데, 우주의 물질이라면 어느 것이라도 피할 수 없는 중력 때문입니다. 지구도 그렇게 별에서 만들어진 원자들이 모여 탄생한 것이지요. 지구가 생겨난 게 46억 년 전이니까 빅뱅에서 시작하면 92억 년이 지나서였습니다. 최초의 생명이 지구에서 생겨난 건 또 8억 년이 지난 뒤였습니다. 물론 그 생명체도 원자로 이루어졌지요.

첫 생명체를 이루었던 원자들은 때로는 다른 생명체의 일부가 되고 때로는 무생물이 되었다가 하면서, 지구의 역사 내내 쉬지 않고 여행을 해 왔습니다. 한번 생긴 원자는 없어지지 않기 때문입니다.

이렇게 긴 여행을 한 원자들이 모인 것이 우리 몸입니다. 공룡의 이빨이기도 했다가, 식물의 잎사귀이기도 했다가, 지구 속 맨틀의 일부이기도 했던 원자들이 우리 몸을 이루게 된 거지요. 우리 몸을 이루는 원자들은 빅뱅부터 치면 138억 살이나 된 것입니다. 138억 살짜리 원자들로 이루어진 우리는 그저 스쳐가는 찰나의 빛이 아니라 빅뱅에서 시작된 우주의 역사를 다 담고 있는 존재입니다. 우주의 역사 한가운데에 우리가 있는 것이지요. 인간이 특별하다는 말이 아닙니다. 지금 우주에 존재하는 모든 것, 살아 있는 것이든 생명이 없는 것이든, 작은 것이든 큰 것이든 모두가 그러니까요.

우리의 생명이 다하는 날, 우리 몸의 원자는 뿔뿔이 흩어져 우리 아닌 다른 것이 될 텐데, 그 가운데 일부는 우리가 얕잡아 보는 것이 될 수도 있습니다. 그렇게 멀리 갈 것도 없습니다. 방금 우리가 내뱉은 숨 속에 섞인 탄소 원자는 꿈틀꿈틀 땅속을 기어 다니는 지렁이의 꽁지를 이루게 될지도 모르지요. 많은 사람이 징그럽다며 눈길 한 번 주지 않는 그 지렁이 말입니다.

호랑지빠귀의 부리를 피하지 못한 지렁이의 원자들은 날개가 되는 것을 시작으로 또 다시 여행을 할 것입니다. 그 원자 가운데 하나는 수십억 년 뒤, 부풀어 오른 태양의 열기에 지구에서 떨어져 나가 우주 공간을 떠돌지도 모릅니다. 그러다가 다른 원자들과 모여 밤하늘을 밝히는 별이 될지도 모르지요. 팔딱팔딱 뛰는 우리 심장 한구석에 자리했던 원자가 말입니다.